LIEBESKONFETTI

Liebes– und Nichtliebesgedichte

von

Cornelia Rinne

Bibliografische Information
der Deutschen Nationalbibliothek:
Die Deutsche Nationalbibliothek verzeichnet
diese Publikation in der Deutschen
Nationalbibliografie; detaillierte bibliografische
Daten sind im Internet über http://dnb.dnb.de
abrufbar.

© 2017 Cornelia Rinne

Titelbild:
Elena Wagner, Osthofen

Texte und Layout:
Cornelia Rinne, Worms am Rhein

Herstellung und Verlag
BoD – Books on Demand, Norderstedt

ISBN 9783743162594

Vorwort

Kleine Mädchen träumen vom Märchenprinzen, der sie auf seinem prächtigen Schimmel in sein Traumschloss entführt ... aus dem Prinzen wird ein dufter Kumpel, mit dem sie im ersten eigenen Auto die ach so weite Welt erkundet und dann die ersehnte gemeinsame Wohnung bezieht ... und mit etwas Glück findet die Träumerei einen soliden Boden – aber was, wenn nicht? Oh je!

Was hat nun Konfetti damit zu tun? Konfetti ... wir kennen sie alle, die lustigen kleinen Papierschnipselchen, die wir so gerne zumeist im Karneval, aber auch häufig bei Festen wie Hochzeiten, (Kinder-)Geburtstagen, an Silvester oder auf Partys schlechthin durch die Luft flittern und fliegen lassen ... kleine Teilchen, zufällig oder absichtlich erzeugte Reste von etwas ehemals Ganzem.

Konfetti wird eigentlich von dem italienischen Wort confetto, also Süßigkeiten, Konfekt, abgeleitet. Und die Reste von etwas Süßem, Feinen werden wohl eher mit einem Verlustgefühl verbunden, außer ... man hat sich zu viel davon gegönnt ... da könnte es auch positiv sein, dass nur noch Reste übrig sind.

Zu viel süße Seligkeit trübt leicht den Blick für die Neutralität. Die Folge ist unschlüssiges Taumeln zwischen Zuständen und Wünschen. Es entsteht der Eindruck von innerer Zerrissenheit, genauso zerrissen wie diese kleinen Schnipselchen aus Papier. Sind sie nun allerdings die Reste von schönen Erlebnissen oder von traumatisch wirkenden Zerwürfnissen, sind sie zufällig entstanden oder mit zielstrebiger Entschlusskraft herbeigeführt? Das bleibt dem Leben vorbehalten.

Das, was manchmal aus der Liebe werden kann oder gemacht wird, ist so wie Konfetti ... bunt oder schon farblos geworden, entstanden aus einem ehemals fröhlichen Ganzen oder Reste eines schon längst bedeutungslos gewordenen Etwas.

Situationen, die sich irgendwie auflösen und regelrecht von uns wegfliegen, gleichen einem luftigen und leichten Aufräumen des alten Lebens. Es gibt schnell viel Platz für neue Erlebnisse.

Und so sucht die reife, erfahrene Frau erneut und erneut und erneut nach ihrem Traum(mann) ...

Inhaltsverzeichnis

Vorwort V
Inhaltsverzeichnis VII

1	Auf der Suche	9
2	Licht des Lebens	10
3	Liebestaumel	11
4	Spiel	12
5	Sanftmut	13
6	Emotionen	14
7	Sternenhimmel	15
8	Du wahrer Mann	16
9	Liebster Freund	18
10	Habibi	19
11	Die Macht der Liebe	21
12	Seelenverwandtschaft	23
13	Grenzenlos	24
14	Band der Liebe	25
15	Des Lebens Mitte	26
16	Zukunft der Liebe	27
17	Alltagsliebe	28
18	Geborgen	29
19	Lebensliebe	30

Inhaltsverzeichnis

20	Fragen	31
21	Du allein	32
22	ENT–TÄUSCHT	35
23	Danach	36
24	Prinz Frosch	37
25	Zukunft	40
26	Neubeginn	41

Resümee 42
Making–of 47

1 Auf der Suche

Ganz leise und mit kleinen Schritten –
im Austausch gern mit einem Dritten –
durchkreuzt man cool das Internet …
'nen neuen Partner gern man hätt'!

Die Angst, man könnte sich erkennen
und dann beim rechten Namen nennen,
lässt Suchende nie richtig los …
Die Sorg' um Sicherheit ist groß!

Doch Diskretion hilft nicht sehr viel.
Nur Offenheit erreicht das Ziel.
Und hat ein Jemand sich gefunden,
so wird gechattet viele Stunden.

Und so vergehen Wochen(–Tage)
und diese Suche wird zur Plage!
Am Ende schwindet jede Lust!
Man schließt die Website voller Frust!

2 Licht des Lebens

Eng umschlungen von Hoffnung und Mut,
Berührungen tun der Seele gut.

Ein Herz erinnert sich, dass es schlägt
und fortan die Liebe in sich trägt.

Viele Jahre war es vergessen!
Haben wir jemals Eins besessen?

Wo war das Gefühl? Hatten wir's nicht?
Woher bekam unser Leben das Licht?

Oft wissen wir gar nicht, was uns fehlt,
Wir trotten durchs Leben unbeseelt.

Wir suchen Glück, verlieren den Blick
für unser wahres Liebesgeschick.

Zum Schluss bleiben Angst und Einsamkeit –
wie schön wäre doch Geborgenheit!

Wir sitzen und warten so lange darauf,
und fast schon geben wir alles auf.

Doch plötzlich, ganz einfach wird es klar:
Das Leben, so schön, wie es niemals war.

3 Liebestaumel

Taumel der Liebe …
… wenn sie nur bliebe!

Mein Herz ist bei Dir,
ach, wärst Du hier!

Ich liebe Dich sehr
und jeden Tag mehr!

Der Liebe Macht
hält über uns Wacht!

4   Spiel

Der Liebe Harmonie
ist oftmals Fantasie

Die Menschen lernen nie
und Liebe spielen sie

mit Tanzen, Singen, Lachen –
viel Freude soll es machen

Gefühle … sie erwachen
bei allen diesen Sachen

Die Herzen fast zerspringen
vor lautem frohen Singen

Und sanfte Melodien erklingen –
zwei Herzen zueinander bringen

5   Sanftmut

In tiefster Nacht
so wohlig und warm
hältst Du mich sacht
in Deinem Arm

Gefühle, schön wie
Geborgenheit
Die Liebe ... sie lebt –
ist nicht mehr weit

6   Emotionen

Emotionen, die uns leiten,
Gefühle, die uns Spaß bereiten,
Träume, die wir alle haben,
sieh' als des Lebens gute Gaben.

Liebe, die wir gern verteilen,
soll stets auch bei uns selbst verweilen.
Freude, die uns Menschen machen,
soll unser Leben überwachen.

7 Sternenhimmel

Am Himmel …
die Sterne …
ich hol' sie so gerne
herunter zu Dir –
sei glücklich mit mir

8 Du wahrer Mann

Der Himmel weiß, was ich hier tu,
der liebe Gott schaut lächelnd zu.

Ich brauche Dich … ich liebe Dich,
Du bist der wahre Mann für mich.

Um mich war's viele Jahre still,
denn niemand wusste, was ich will.

Ich glaubte, sie sei längst verlor'n,
und doch ist sie nun neu gebor'n …

… die Liebe groß und stark und tief,
mein Leben seitdem anders lief.

Ich fühlte mich nicht mehr geborgen …
in einem Leben voller Sorgen.

Doch Du hast mir das Licht gebracht
in dieser finster-kalten Nacht.

Jetzt bin ich nicht mehr ganz allein,
kann in Gedanken bei Dir sein.

Ich kann nun nicht mehr von Dir lassen,
will stets mich nur mit Dir befassen.

Du wahrer Mann

Der Himmel weiß, wie es mir geht,
wie es um meine Seele steht.

Mein Herz, das hab' ich Dir geschenkt,
das Schicksal meinen Weg nun lenkt.

In Deinen Armen will ich liegen,
mich fest und wärmend an Dich schmiegen.

Mit Dir fühl' ich mich richtig gut,
Du schenkst mir täglich neuen Mut.

Mein Wirken gilt jetzt Dir allein
und unserem Zusammensein.

9 Liebster Freund

Ich liebe Dich, das ist wohl wahr,
so wie Du bist, mit Haut und Haar.

In meinem Sinn fixiert Du Dich –
so wie ich bin, bekommst Du mich.

Wir sind nun füreinander da –
die große Liebe ist uns nah.

Du lebst in mir, in meinem Traum,
ich spüre Dich durch Zeit und Raum.

Du bist für mich so klar – so nah,
das Schönste, was ich jemals sah.

10 Habibi

Und ist der Weg auch noch so weit,
ich liebe Dich für alle Zeit.

Habibi, Du, mein liebster Schatz,
Du hast bei mir den besten Platz.

Du bist ja leider noch nicht hier,
und dennoch bist Du nah bei mir.

Doch lass ich mir nun nicht mehr rauben
an Dich den tiefen festen Glauben …

den Glauben an die *Große Liebe*,
auf dass sie immer bei uns bliebe.

Mein Herz – es klopft für Dich allein,
ich wäre gern für immer Dein.

Die Einsamkeit ist nun vorbei,
die Welt steht offen für uns zwei.

So lass' uns beieinander bleiben
und treu auf Liebeswolken treiben.

Du hast mein Herz so sanft berührt,
dass nichts als Liebe es verspürt.

Habibi

Ich vergesse alle Sorgen,
warte auf ein neues Morgen.

Ich hab' mit Dir Glück gefunden,
kann vergessen alle Wunden.

Deine Stimme trägt mich heiter
in Sekundenschnelle weiter.

Du hast mich leise aufgeweckt
und mich fürs Leben neu entdeckt.

Wenn wir auf die Liebe hören,
nichts kann unser Glück zerstören.

Die Liebe zwischen uns hat Macht,
sie leitet uns durchs Leben sacht'.

Ich liebe Dich, in Deinem Arm
bin ich geborgen, fühl' mich warm.

Wir haben Sehnsucht, das ist klar,
doch bald wird unsere Liebe wahr.

11 Die Macht der Liebe

Vor meinen Augen hab' ich Dich,
ob ich nun wach bin oder träume.
Den ganzen Tag lang sehn' ich mich,
bis ich vor Glück dann überschäume.

Wir chatten in Liebe dann und wann,
auch wenn dazwischen Welten liegen.
Uns niemand nun wirklich trennen kann,
die Liebe kann man nicht verbiegen.

Die Länder, die uns räumlich trennen,
sie rauben nie der Liebe Sinn.
Die Regeln, die wir alle kennen,
uns treiben zueinander hin.

Die Lieb' wird täglich tiefer, reifer,
gleich einem zarten, jungen Baum.
Wer trennen will uns voller Eifer,
erreicht sein Ziel, ich fühl' es, kaum.

Die Macht der Liebe

Ich liebe Dich, bin für Dich da,
ich weiß, das fordert sehr viel Mut,
doch Du bist mir ganz wirklich nah,
die Kraft in Dir tut mir so gut.

Die Liebe kann kein Wort beschreiben,
so Vieles können wir versprechen.
In Deine Arme will ich treiben,
drum lass uns kein Versprechen brechen.

12 Seelenverwandtschaft

Was Liebe für uns beide schafft
durch atomare Bindungskraft,
wird jeden guten Tag bewacht
mit sinnlicher Lust auch in der Nacht.

So wie zwei Felsen in rauer See
Kameraden, geeint gegen Ach und Weh,
so glauben wir an die Kraft der Leben
und leben von der Liebe Streben.

Die Gedanken sind doch immer gleich,
erfahren, fröhlich, an Hoffnung reich,
fühl'n wir uns wie ein altes Paar,
so einfach stellt sich die Liebe dar.

13 Grenzenlos

Du hast mir die Liebe gezeigt
Du bist mein Schatz
Mein Herz ist Dir zugeneigt
Dort ist Dein Platz

Und trotz der Entfernung so weit
Sehen wir Licht
Schon lange sind wir bereit
Fürchten uns nicht

Denn leise fliegen die Gedanken
Sanft mit dem Wind
Sie tragen die Liebe ohne Schranken
Wo wir auch sind

14 Band der Liebe

Für unsre Träume lebe ich,
auf Liebeswolken sanft schwebe ich.

Für immer, Liebling, brauch' ich Dich,
wie war nur das Leben ohne Dich?

Und keine Hürde schreckt uns mehr,
kein Hindernis ist uns heut' zu schwer.

Wir haben wirklich viel geschafft,
für noch viel mehr geben wir uns Kraft.

Wir leben durch der Liebe Band
und bleiben zusammen Hand in Hand.

15   Des Lebens Mitte

Schickt Liebe nun in jedes Haus.
Die Einsamkeit klingt endlich aus.

Wir freuen uns die ganze Zeit
auf Ruhe und Besinnlichkeit.

Mitten in des Lebens Mitte
gibt es eine große Bitte:

So achtet jedes Leben gern,
auch wenn es atmet noch so fern.

Gebt jedem Menschen etwas Zeit
für seine wahre Eigenheit.

Schenkt gegenseitig viel Vertrau'n!
Lasst auf die Liebe uns jetzt bau'n!

16 Zukunft der Liebe

Der Stoff,
aus dem die Liebe ist,
umgibt Dich sanft,
wo Du auch bist.

Die Liebe –
sie bewegt die Welt,
der Augenblick –
das Heute zählt.

Die Zeit ... sie eilt,
doch etwas bleibt!
Wir nehmen es in unsre Hand,
und weben unser Leben Band.

So geben wir der Liebe Kraft –
die Liebe ist des Lebens Chance!
Sie hilft im steten Auf und Ab,
ihr Wirken sorgt für die Balance.

17 Alltagsliebe

Der Liebe Traum
braucht so viel Raum
den findet er im Alltag kaum

Drum gib gut Acht
und halte Wacht
dass nichts der Liebe Kummer macht

Gefühlen gib den rechten Platz
und hüte so den teuren Schatz
wie einen süßen kleinen Spatz

18 Geborgen

Ich bin immer für Dich da
ob heute oder morgen
Sicher, klar, Du weißt es ja
bei mir bist Du geborgen

Du kannst immer sicher sein
die nächsten hundert Jahre
Niemals lass' ich Dich allein
die Liebe ist das Wahre

19   Lebensliebe

Liebe –
ist ein großes Glück!

Liebe –
geht mit uns ein Stück!

Liebe –
der gerne man ein Lächeln schenkt!

Liebe –
auch den Weg durchs Leben lenkt!

Liebe –
hat uns gewonnen!

Liebe –
macht uns besonnen!

Liebe –
ohne sie fühl'n wir uns allein!

Liebe –
bleibt oftmals davon nur ein Schein?

20 Fragen

Wir wollen lieben
Wir wollen leben
Einander das Wertvollste geben

Wir wollen sagen
Wir wollen fragen
Dass und ob wir uns gerne haben

So große Worte
Von jener Sorte
Wir immerzu im Herzen tragen

Was immer auch sei
Gedanken sind frei
Nach ewiger Liebe wir streben

21   Du allein

Du bist mein Leben.
Das ist klar.
Nichts ist mehr so
wie es mal war.

Man soll wissen,
dass es Dich gibt.
Man soll sehen:
Ich bin verliebt!

Dein Typ …
Deine Art …
sind was ich will!

Wie Du gehst
und bist …
ist was ich fühl'!

Du allein
zeigst mir,
wer ich bin.

Mit Dir allein
macht Alles
Sinn.

Du allein

Ein neuer Stern
in meiner Welt.
Es ist wahr:
Du bist jetzt mein Held.

Ich liebe Dich.
Du bist mein Traum.
Das ist klar!
Man glaubt es kaum!

Dein Blick …
Die Augen …
sind was ich will!

Wie Du bist
und liebst,
ist was ich fühl'!

Du allein
zeigst mir,
wer ich bin.

Mit Dir allein
macht Alles
Sinn.

Du allein

Wohin Du gehst,
findest Du mich.
Keiner weiß:
Was tun ohne Dich?

Ich frage mich:
Liebst Du auch mich?
Ich bitte Dich
Verlass' mich nich'!

Dein „Smile" …
Die Lippen …
sind was ich will!

Wie Du lachst
und sprichst,
ist was ich fühl'!

Du allein
zeigst mir,
wer ich bin.

Mit Dir allein
macht Alles
Sinn.

22 ENT–TÄUSCHT

Ich war ein guter Tipp …
Ich bin vom Stamme Gib!
Du gehst besser dahin …
Du bist vom Stamme Nimm …

Ich hatte mir ein Herz gefasst …
Du hast niemals zu mir gepasst …
Ich habe Liebe Dir geschenkt …
Du hast Dich dafür nicht verrenkt …

Ich habe mich in Dir getäuscht …
Das Leben hat mich nun ENT–TÄUSCHT!
Du jagst nun einen fernen Stern …
Das Leben zeigt Dir diesen gern!

Du hast sehr nett mich angelogen …
Ich bin echt traurig und betrogen!
Freunde hast Du schnell vertrieben …
Mir ist nur mein Selbst geblieben!

Die Zeit mit uns war schnell vorbei …
Jetzt bin ich wirklich gerne frei!
Du wirst es lernen, ganz gewiss …
dass ich Dich niemals mehr vermiss!

23 Danach

Für immer schwebt mein Herz dahin
Für diesen Typen … ohne Sinn

Vergebens war die viele Mühe
dass diese Liebe wieder glühe

Mit Grausamkeit ging es vorbei
Es war nur eine Liebelei

Viele Jahre sind verloren
Treue hat man sich geschworen

Die Tage laufen schnell davon
Die Liebe ist vergessen schon

Hoffnung – Trauer – schnell erkannt
Dass ein Herz den Schmerz gebannt

Übrig bleibt ein toter Stein …
Sollte DAS wohl Liebe sein?

24   Prinz Frosch

Warum mein Freund …
so frag' ich Dich?

Du kamst daher gleich einem Beben …
Ich traute meinen Augen nicht.

Du warst gegen Alles und noch viel mehr …
Dich zu vergessen, ist wirklich nicht schwer!

Ich liebte Dich und wusste nicht:
Die Welt für mich … Das bist Du nich'!.

Der Prinz … DEN hatte ich geküsst …
Ein Frosch daraus geworden ist.

Warum mein Freund …
traust Du Dich nicht?

Du wolltest keine Liebe geben …
Ich sah für uns nie mehr ein Licht.

Du spieltest den Lieben und noch viel mehr …
Mit Deiner Echtheit war es nicht weit her.

Prinz Frosch

Ich liebte Dich und wusste nicht:
Du bist niemals die Welt für mich.

Der Prinz ... DEN hatte ich geküsst ...
Ein Frosch daraus geworden ist.

Warum mein Freund ...
liebst Du mich nicht?

Ich kann Dir nicht vergeben ...
Verdient hast Du das niemals ... nicht.

Du hast nur betrogen und noch viel mehr ...
Nicht wirklich warst Du ein so feiner Herr.

Ich liebte Dich und wusste nicht:
Du bist niemals die Welt für mich.

Der Prinz ... DEN hatte ich geküsst ...
Ein Frosch daraus geworden ist.

Warum mein Freund ...
belügst Du mich?

Unser Glück war mein Bestreben ...
Die Lüge schlug mir ins Gesicht.

Prinz Frosch

Du hast kein Gewissen und noch viel mehr ...
Du fehlst hier seit damals nicht wirklich sehr.

Ich liebte Dich und wusste nicht:
Du bist niemals die Welt für mich.

Der Prinz ... DEN hatte ich geküsst ...
Ein Frosch daraus geworden ist.

Warum mein Freund ...
spürst Du es nicht?

Du passt echt nicht in mein Leben ...
So blind war ich schon lange nicht.

Du GEHST
und begreifst das und noch viel mehr ...
Am besten nach Haus hinters Mittelmeer.

Ich liebte Dich und wusste nicht:
Du bist niemals die Welt für mich.

Der Prinz ... DEN hatte ich geküsst ...
Ein Frosch daraus geworden ist.

Warum mein Freund ...
schockt mich das nicht?

25 Zukunft

Das Leben lebt sich so dahin
Wir finden nicht den wahren Sinn

Da plötzlich kommt ein Neubeginn
Die Zeit rast wie im Flug dahin

Wieso nur haben wir gedacht
Dass Liebe für uns nimmer lacht

Ein neues Stück des Weges winkt
Der Glaube uns die Hoffnung bringt

Die Liebe gibt der Zukunft Macht
Ein neues Ziel ist schon erwacht

26   Neubeginn

Wie immer ist sehr viel passiert
Hoffnung die Gesellschaft ziert

Die Dinge laufen aus dem Gleis
Und Wunder haben ihren Preis

Vielleicht gibt es Veränderung
Das Leben braucht oft neuen Schwung

Vergangenes ist längst vorbei
Für Neues sind wir endlich frei

Bewegung und Beständigkeit
Erfolgreich sind sie nur zu zweit

Nach vorne wendet sich der Blick
Erfahrung lenkt nun das Geschick

Resümee

Sicher fragt sich jeder, der mich kennt, wieso gerade ich über die Liebe dichte …

Aber das ist doch ganz einfach:

Alle meine Gedichte beruhen auf echten Begebenheiten (zufällige Namensgleichheiten oder Wiedererkennungsmerkmale sind „rein zufälliger Natur"und rein männlich …).

So oft ich in meinem Leben richtig verliebt war … und das war recht oft (!) … so wirklich oft, meine ich, ohne mich mit Freundinnen vergleichen zu wollen oder gar in einen Wettstreit zu treten, genauso oft wurde ich auch immer wieder ENT–TÄUSCHT.

Ob ich glaube, dass das nur mir passiert? Keinesfalls! Bloß reden die meisten vielleicht nicht so einfach darüber.

Jemand fragte mich einmal in Bezug auf meine Liebesgedichte: „Leben die alle noch?" Antwort: „Ja. Und Man(n) hat sich sogar auch hin und wieder schon mal erkannt".

Ich finde das gar nicht schlimm, eher fass ich es als Kompliment auf.

Resümee

Wer kann Leben schon so reflektieren, dass eine wahre Widerspiegelung stattfindet? Das ist nicht so leicht, denn jeder Mensch hat seine ganz eigene Art, mit Erlebtem umzugehen und es tief in seinem Inneren zu verarbeiten.

Erinnerungen haben nicht für alle Menschen die gleichen Bilder. Unsere Individualität bestimmt unsere ganz eigene Sichtweise auf Dinge, Menschen und Kompositionen des Lebens.

Gerne setzen wir uns Brillen auf die Nase, die bunte Gläser haben und gleich einem Kaleidoskop Wahrnehmungen spiegeln und nicht zwingend eine Fokussierung zum Ziel haben. Wenn sich also jemand in meinen Gedichten wiederfindet, dann ist das schön für mich!

Eine alte Weisheit aus dem Chinesischen sagt sinngemäß: „Gesprochene Worte sind wie verschüttetes Wasser ... Man kann sie nicht wieder aufsammeln."

Muss man aber auch nicht, solange die Worte ehrlich gemeint sind und aus dem Herzen kommen!

Resümee

Doch Vorsicht: Nicht jeder weiß das und nicht jeder will das und nicht jeder denkt so!

Wie viele, immer wieder schlaflose Nächte verbringen wir, darüber nachsinnend … er liebt mich … er liebt mich nicht … er liebt mich … er liebt mich nicht … Blümchenblätter zählend und immer hoffend, dass es gut endet.

Sind das immer nur Wachträume in Nächten, in denen der Mond heller zu sein scheint, als die Sonne den Tag je erhellen könnte?

Schon wieder verträumt!

Erst kommt die Liebe, mit ihr das Glücklich–Sein, dann geht die Liebe, es bleibt die Einsamkeit zurück.

Der Mensch hat hilfreicher Weise das naturgegebene Talent, schließlich überwiegend das Gute im Gedächtnis der Seele zu behalten!

Und so versucht er, diese damit ehemals verbundenen Glücksgefühle zurück zu holen.

Resümee

Er ist versonnen und lächelt vielleicht sogar. Und so treibt er dahin auf den Wogen des Schönen im Leben.

Logisch, dass wir alle immer wieder versuchen, diese vergangenen Zeiten durch neue Erfahrungen zu ersetzen und zeitgemäße Updates zu finden, die dann systematisch erforscht, erprobt und wiederum auf der Basis der subjektiven Wahrnehmung für gut und sinnvoll empfunden oder als ersatzlos zu streichen kategorisiert werden.

Spiralförmig bohren sich Erinnerungen, Erfahrungen und Neubeginne durch unsere Seele und wandern von da zum Herzen und dann bald wieder zurück in die Seele, um dort nach neuen Wirkungskreisen Ausschau zu halten.

Diese Angewohnheit, die mit einem Lernprozess verglichen werden könnte, ist offenbar einfach und ehrlich menschlich. Wie sollten wir auch sonst unserer ursprünglichen Bestimmung, der Erhaltung unserer Wesensart, nachgehen? ... Kein Scherz!

Resümee

Ohne philosophischen Anspruch wollte ich eigentlich nur sagen, dass ich so da sitze und mich erinnere, rechnerisch mein Leben sortiert wissen möchte … und dabei heraus sprudeln einer Quellritze gleich am Ende … Gedichte!

Meine Gedichte verhindern zumindest, dass ich mich wie ein uralter Schulmeister fühle, der immer nur in natürlich guter Absicht versucht, anhand der selbst gemachten Erfahrungen andere zu belehren, es besser zu lösen oder einen anderen Weg zu gehen.

Sehr geehrter Leser! Jeder liest Gedichte auf seine ihm eigene Art, subjektiv und unter teils unbewusster Hinzuziehung individueller Werte.

So ergibt sich aber auch die Chance, sich selbst „einen Reim darauf zu machen".

Außerdem: Ich könnte andere Menschen wohl eher nicht belehren, denn ich weiß ja selbst nicht wirklich, auf was ich wie in der Zukunft reagieren werde oder reagieren will …

Making–of

Wann beginnt ein Mensch zu schreiben?
Wie bringt man Ordnung in Liebes–Konfetti?

Der Rückblick auf vergangene Zeiten, in denen
so viel und doch so wenig oder fast nichts und
doch so viel geschah, reicht da nicht aus.

Es findet sich darin häufig nicht genug Stoff,
aus dem die Träume sind, denn … zu diesem
fortgeschrittenen Zeitpunkt sind diese Träume
schon fast vergessen und meistens hat man für
neuen Stoff keine Mittel (im mentalen Sinne
natürlich!).

Doch irgendwann kommt der Moment, wo das
Fass zum Überlaufen voll ist. Irgendwo muss er
hin, der Seelen–Müll. Aber wohin damit? Hm …
Gute Frage .. nächste Frage … Wer interessiert
sich überhaupt dafür? Haben nicht alle
Menschen selbst genug Sorgen und Probleme?
Sucht nicht jeder von uns jeden Tag nach
Lösungen und Auswegen? Wollen wir nicht alle
dauernd aus irgendwelchen Situationen am
liebsten weglaufen?

Making-of

Der Markt quillt ja förmlich über von Ratgebern in Sachen Leben und Liebe! Ob als Fachbuch oder Unterhaltungslektüre … macht es ehrlich Sinn, noch Bücher zu schreiben? Keine Ahnung! Also habe ich meine Homepage regelrecht voll getextet und jede Gelegenheit genutzt, alles, was ich überlege, denke, fühle … dort aufzuschreiben. Klar, es wurden wieder Gedichte.

Eine Datenbank musste her. Gedacht, gesagt, getan. Dann kam einer meiner Kunden und wollte seine Bücher neu aufgelegt haben. Kein Problem. Immer gerne. Für meine Kundschaft jederzeit. Nur, dass er mich fragte, wann ich endlich meine eigenen Texte aktualisiere und Bücher daraus mache. Ich wollte nicht und lehnte rigoros ab … zu teuer, zu aufwendig, keine Zeit, … jetzt nicht, vielleicht später … und … genau zwei Wochen später war das erste Buch fertig und beauftragt ☺

An dieser Stelle möchte ich Herrn Professor Dr. Klaus-Geert Heyne recht herzlich danken!

Ich bin eben auch nur ein Mensch. Mein Beruf ist schreiben. Meine Berufung vielleicht auch? Mal sehen …

Cornelia Rinne | 2017